D1722092

DOLOMITEN

Dario Scarpa

DOLOMITEN

Heinz Fleischmann GmbH u. Co. · Geographischer Verlag
Innsbruck · Wien · München · Stuttgart · Bolzano/Bozen

VORWORT

Das Dolomitengebiet, das sich auf der Alpensüdseite ausdehnt, gehört zu den drei Verwaltungsprovinzen Trient, Bozen und Belluno. Trotz der unterschiedlichen geschichtlichen Ereignisse, die sich in den einzelnen Tälern abgespielt haben, bildet diese Gegend eine geographische Einheit, die auf die unverwechselbare Gestalt der Berge zurückzuführen ist. Die Dolomiten zeichnen sich durch einzigartige Formen und Kontraste aus, die sie zu einem Reich der Harmonie und einer Quelle ewiger Jugend machen. Kühne Profile, untergliederte Felsen, bizarr geformte und gezackte Kanten, wie sie überall aufragen, geben dem Gebiet das Aussehen einer verzauberten Märchenwelt, die eine sehr komplexe geologische Struktur aufweist.

Interessant ist jedenfalls die Tatsache, daß sich diese eigenartigen Felsmassive von normalen Kalksteinformationen unterscheiden. Sie bestehen nämlich aus doppeltem Kalzium- und Magnesiumkarbonat, das als «Dolomit» bekannt ist. Das Gestein verdankt seinen Namen dem berühmten Geologen Déodat de Dolomieu, der im Jahr 1789 als erster seine Zusammensetzung erkannt hatte. Die Dolomiten waren vor rund 70 Millionen Jahren aus einem tiefen Meer aufgetaucht. Heute ragen sie mit kühnen, rosafarbenen Gipfeln gegen den Himmel auf, in der reinen Luft eines stillen, grenzenlosen Raumes.

Obwohl die Dolomiten im Vergleich zu anderen Alpengegenden erst spät entdeckt worden sind, haben sie die Besucher durch ihre strenge, erhabene Schönheit sofort in den Bann gezogen. Auf die ersten Pioniere, die um die Mitte des vorigen Jahrhunderts herum begeisterte Loblieder auf diese Gebirgswelt angestimmt hatten, folgten bald immer mehr Liebhaber. Nach der bergsteigerischen Erschließung der ersten Jahre und Jahrzehnte übt die Dolomitenwelt auch heute noch eine so große Faszination aus, daß jeder hier auf seine Kosten kommt. Um die Anziehungskraft und den fast magischen Zauber zu verstehen, die von den Dolomiten einst wie heute ausgehen, muß man sie wenigstens einmal besucht und mit eigenen Augen gesehen haben – was bequem zu verwirklichen ist, da sie durch ein dichtes, vorzügliches Straßennetz erschlossen werden. Da die Werke der Straßenbaukunst oft mit den Werken der Natur zusammenfallen, trifft man hier auf großartige, berühmte Autorouten. Auf Hunderten guter, markierter Wege kann man dann noch weiter in diese Welt eindringen, kann überall den märchenhaften Anblick von weiten, grünen, blumenübersäten Flächen genießen, die sich dem Besucher wie ein Album der Natur öffnen. Die Felsen der Dolomiten sind nicht nur dem Kletterer vorbehalten. Auf Klettersteigen, die nunmehr weithin berühmt sind, kann sich auch der einfache Wanderer diesen kühnen Wänden nähern. Mit Hilfe von Haken, Leitern und Metallseilen kann man die stimmungsvollsten Winkel einiger Gruppen entdecken und dabei Rinnen und Kamine durchsteigen und auf Felsbändern senkrecht steile Wände durchqueren. Dabei sollte man sich aber immer vor Augen halten, daß diese Klettersteige nur bei guter körperlicher Verfassung und entsprechender Ausrüstung und mit Vorsicht und Umsicht zu begehen sind.

Nach dem Aufstieg durch steile Hänge und der Durchquerung dieser Gruppen findet man in den vielen Berghütten der Dolomiten gastliche Aufnahme. Ein Abend auf einer dieser Hütten, in fröhlicher Gesellschaft und angesichts eines faszinierenden Sonnenuntergangs, gehört wohl zu den schönsten Erlebnissen in den Bergen.

In den lieblichen Tälern, die sich um die Dolomiten ziehen und sie durchschneiden, haben sich die Menschen schon von altersher angesiedelt. Die einst kleinen, regen Dörfer haben sich allmählich immer mehr ausgedehnt, und heute sind daraus berühmte Luftkurorte, Sommerfrischen und Wintersportzentren geworden.

Die vielen Hotels, die überall vorhandenen Bergbahnen und Lifte, die zahlreichen Sport- und Freizeiteinrichtungen machen die Dolomiten heute zu einer erstrangigen Urlaubsgegend Europas und der Welt. In dieser großartigen, noch in ihren ursprünglichen Werten erhaltenen Welt verschmelzen romantische, malerische und grandiose Elemente harmonisch miteinander. Unter den zahllosen, unterschiedlichen Gebirgsmassiven der Erde zeichnen sich die Dolomiten durch unverwechselbare Eigenheiten aus, als hätte die Natur hier eine Welt schaffen wollen, die das Leben vieler Menschen angenehmer und schöner macht.

Brentagruppe

Westlich des Etschtals zieht sich in der Nähe der Stadt Trient in Nord-Süd-Richtung ein langer Felsrücken hin, der von allen Seiten her schön und faszinierend anzusehen ist. Es ist die berühmte Brentagruppe, die aufgrund ihrer geologischen und landschaftlichen Merkmale zu den Dolomiten zu rechnen ist. Denn obwohl sie von den anderen Dolomitenmassiven durch das Etschtal getrennt wird, weist sie die gleichen großartigen, kräftigen Strukturen auf. Der Campanil Basso, in deutschsprachigen Kreisen als «Guglia» bekannt, die Cima Brenta und die krönende Cima Tosa sind einige der ruhmreichen Gipfel des zentralen Teils. Auf ihren Wänden, die mächtig und kühn aufragen, sind zahlreiche Unternehmungen ausgetragen worden, die in die Geschichte des Alpinismus eingegangen sind. Viele Gipfel sind zwischen 2800 und 3000 Meter hoch, acht Berge reichen über die 3000-m-Grenze hinaus.

Diese erhabenen Felskolosse erscheinen umso reizvoller und phantastischer, da sie sich mit Spitznadeln und Türmen angesichts gleißender Gletschermassen erheben, wie sie für die Landschaft der Westalpen typisch sind und wie man sie von der Brentagruppe aus bewundern kann.

Die Brentawände stellen allerhöchste Ansprüche an den Hochalpinisten, aber auch der Wanderer hat hier die Möglichkeit, die Schönheit der Felslandschaft zu genießen. Aus den Tälern führen zahllose angenehme Wege zu den Berghütten und den Klettersteigen, sodaß auch der weniger Bergerfahrene diese Welt voll erleben kann. Da ist in erster Linie der vielgepriesene Bocchette-Höhenweg, der zum Vorbild aller Dolomitenklettersteige geworden ist. Doch die Brentagruppe hat nicht nur mächtige Felsbauten zu bieten. Die nackten Wände werden immer wieder von herrlichen, seltenen Bergblumen geschmückt, die dieser Landschaft einen unvergleichlichen Reiz verleihen. Man braucht sich daher nicht zu wundern, daß die Brentagruppe alljährlich von einer Unzahl von Wanderern und Kletterern besucht wird, die in dieser Welt Entspannung und Erholung von den Problemen des Alltags suchen und finden. Dieses Dolomitenriff wird vom Soletal, vom Nonstal und vom Rendenatal umgeben und begrenzt, die mit dem Grün ihrer Wiesen und Wälder einen reizvollen Kontrast zu den Felsriesen bilden. Ein wenig überall sind Seen anzutreffen, von den winzigen Hochgebirgsseen bis zum großen Molvenosee, und ein charakteristisches Element sind auch die vielen Bäche, die rauschend und schäumend zu

Tal fließen. In dieser idealen Feriengegend sind zahlreiche Fremden-verkehrsorte entstanden, deren Vorbild das elegante Madonna di Campiglio ist. Dieser weltberühmte Luftkurort hat sich auch zu ei-nem Wintersportzentrum entfaltet, in dem bekannte Skirennen von internationalem Niveau ausgetragen werden.

Zahlreiche Hotelbetriebe und Freizeiteinrichtungen geben dem Be-sucher hier Gelegenheit, die natürliche Schönheit dieser Felsinsel des Trentinos in ihrem ganzen Reiz zu genießen.

Madonna di Campiglio mit der Brentagruppe.

«Die formenreiche Landschaft der Dolomiten verdichten,
kristallisiert sich gleichsam, ihrem geologischen Mutterboden
entsteigend, zu einer Vielfalt von monolithischen Blöcken und
Gruppengestaltungen, zu einem Kaleidoskop von Variationen
grossartiger und pittoresker Gipfelbildungen. Jedes einzelne
dieser aus wogenden Hochweidensockeln emporschnellenden
Kalksteingetürme trägt ein unverwechselbares Antlitz, jedem
wohnt eine heroische und melodische Schönheit inne, ein
Geheimnis und ein Zauber. Es ist dies das "Reich der bleichen
Berge".»

Blick von den Mattenböden des
Monte Peller auf den zentralen Teil
der Brentagruppe.

Die großartige zentrale Brentagruppe im Sommer und im Winter.

4

5

6   Interessanter Blick auf die klassische, zentrale Brenta.

7

Die Tuckett-Hütte mit Campanile di
Vallesinella, Castelletto Superiore,
Cima Sella und Bocca di Tuckett.

Der Bocchette-Weg.

Wer in das Herz der Brenta vor-
dringt, sieht sich überrascht einem mächtigen Felsriff gegenüber, das auf den ersten Blick unzugänglich wirkt. Charakteristisch
für diese Gruppe sind die zahlreichen waagerechten Felsbänder,
die sich durch die steilen Wände
ziehen. Und eben auf diesen von

der Natur geschaffenen «Pfaden» sind mehrere Klettersteige und Höhenwege angelegt worden, die die Hütten auf fast immer gleichbleibender Höhe miteinander verbinden. Die einzelnen Teilstücke dieses bedeutenden, vom Trentiner Alpenverein SAT geschaffenen Werks bilden den weltberühmten Bocchette-Weg.

Dieser teilweise in den Felsen gehauene Höhenweg nutzt die natürlichen Gegebenheiten der an sich schwierigen Brentagruppe.

Blick auf die «Guglia» (Campanil Basso).

Bei allergrößter Achtung der Natur wird hier auch weniger erfahrenen Bergwanderern die Gelegenheit gegeben, das Gebirge von seiner majestätischsten Seite zu erleben und in eine Welt vorzudringen, die sonst nur geübten Kletterern vorbehalten wäre. Tausende von Hochtouristen haben auf dem Bocchette-Weg die gan-

Mit dem Crozzon di Brenta hat die Natur einen großartigen Felsbau geschaffen.

Der Schneegipfel der Cima Tosa,
des höchsten Bergs der Brentagruppe.

ze Brentagruppe durchwandert,
in allernächster Nähe mächtiger
Felswände und beim Anblick von
fesselnden Gebirgspanoramen,
wie sie auf den hier abgebildeten
Fotos wiedergegeben werden.

Die Brentei-Kapelle, im Hintergrund
die Bocca di Brenta.

Majestätische Gipfel umschließen das obere Ambiez-Tal.

Das vom rauschenden Sarca durchflossene Genova-Tal gehört zu den landschaftlich suggestivsten Gegenden in Brentanähe. Neben ausgedehnten Wäldern und einer reichen Fauna bietet diese noch wild-unverfälschte Oase der Natur auch mehrere interessante Wasserfälle. Am bekanntesten ist der auf nebenstehendem Foto abgebildete Nardìs-Fall.

2

Der liebliche, tiefblaue Nambino-See liegt angesichts der Brentagruppe mitten unter Nadelwäldern und Alpenrosen.

Molveno mit dem gleichnamigen See, der sich zwischen Brentagruppe und Gaza-Paganella-Kamm auftut.

24 Sonnenuntergang über der Brentagruppe. Das letzte Licht weicht
25 schon den ersten dunklen Schatten.

Die Tosa- und die Pedrotti-Hütte vor
dem Croz del Rifugio.

Pala-Gruppe

Die Pala-Gruppe, die am Südrand der westlichen Dolomiten liegt, hebt sich mit ihren kühnen Felsbauten, wie sie typisch für die Dolomiten sind, deutlich von der umliegenden Gebirgslandschaft ab. Dieses ausgedehnte Felsmassiv wird von zahlreichen Tälern und Pässen begrenzt: im Norden vom Valles-Paß und den Bois-Cordevole-Tälern, im Osten von den Cordevole-Mis-Tälern, im Süden vom Ceredapaß und vom schönen Canalital und schließlich im Westen vom Cismontal, das sich erst gegen San Martino senkt, um sich dann zum lieblichen Talkessel von Fiera di Primiero auszuweiten. Durch den Sattel des Rollepasses wird diese Dolomitengruppe von der langen Porphyrkette des Lagorai getrennt. Diese Täler, die sich am Fuß der mächtigen Felswände hinziehen, stellen die äußerste Begrenzung der Provinzen Trient und Bozen dar, zu denen diese Dolomitengruppe gehört.

Die Pala-Gruppe ist ein recht stark untergliedertes Massiv, das mehrere Untergruppen und Ketten aufweist. Im Norden liegt die Focobon-Untergruppe, die mit ihren Nadeln und Türmen über dem Bois-Tal (Agordino) aufragt. Die großartige Cima Vezzana, der höchste Pala-Gipfel, und der Cimon della Pala sind die beiden Tragpfeiler des klassischen Zentralmassivs. Der absolute Herrscher in dieser Welt ist der mächtige, stolze Cimon della Pala, der auch als «Matterhorn der Dolomiten» bezeichnet wird. Am Morgen ist dieser schlanke Felsriese oft in Wolken eingehüllt, aber im Laufe des Tages nimmt er immer wärmere Farben an, bis er bei Sonnenuntergang flammend rot aufleuchtet.

Die Südkette umfaßt die stolze Cima di Ball, die Cima della Madonna und den Sass Maor. Diese Gipfel ragen als großartige Felskulisse aus dem Grün der Wälder oberhalb des Talkessels von San Martino auf. Im Osten steigt die Pala-Gruppe noch mit weiteren Wänden und Ketten an, die von der erhabenen Fradusta beherrscht werden, einem Berg, der an seinem weithin leuchtenden Gletscher zu erkennen ist. Zwischen diesen steil aufragenden Pfeilern, den mächtigen, senkrecht abfallenden Wänden und den zerklüfteten, ausgesetzten Graten dieser Gruppe dehnt sich das kahle Pala-Hochplateau aus. Es wird von zahlreichen Gipfeln wie schützend umgeben, und in seiner Großartigkeit bildet es eine echte Felshochfläche.

In den Schutzhütten Mulaz, Pedrotti alla Rosetta, Pradidali, Treviso in der Val Canali und Velo della Madonna finden Wanderer wie Kletterer gastliche Aufnahme. Einige Biwakhütten dienen als Stützpunkte bei hochinteressanten Überquerungen, Ausflügen und Gipfeltouren. Auch für die Begeher der Klettersteige am Cimon della Pala und an der Cima Madonna, die hohe Ansprüche stellen, sind diese Hütten von großer Bedeutung. Die an sich nicht zahlreichen Schutzhütten sind als Unterkunftsmöglichkeiten mehr als ausreichend, da die Pala-Gruppe ringsum von gut ausgestatteten Fremdenverkehrsorten umgeben ist.

Diese Orte sind die besten Ausgangspunkte zu Ausflügen in die Pala-Gruppe, aber sie selbst bieten auch zahllose Möglichkeiten zu angenehmen Wald- und Wiesenwanderungen im Tal. Der Vorrang gebührt natürlich dem reizvollen San Martino di Castrozza, das sich nunmehr weiten Ruf erworben hat. Dieser bekannteste Luftkurort der Alpen kann im Umkreis von nur weniger Kilometern allen Ansprüchen ud Erwartungen vollauf genügen. Er ist untrennbar mit dem Rollepaß verbunden, der im Sommer wie im Winter mit einer erholsamen Landschaft und vorzüglichen touristisch-sportlichen Einrichtungen aufwarten kann. Fiera di Primiero, Paneveggio, Cencenighe und Agordo sind weitere malerische Dolomitenorte, über denen immer wieder die mächtigen Felspfeiler der Pala-Gruppe zu sehen sind. Diese vier Orte bilden auch Ausgangs- und Endpunkt einer Dolomitenstraße, die rund um die Pala-Gruppe führt und dabei unvergeßliche Ausblicke bietet. Um diese Natur und die Gebirgslandschaft dieser Dolomitengruppe vor Verschandelung und Beschädigung zu bewahren, ist sie dem Naturpark Paneveggio-Pale di San Martino angeschlossen worden.

Im Auto, zu Fuß oder auf Skiern kann man hier eine Welt erleben, die aus berühmten Touristikzentren und mächtigen Felsgipfeln besteht.

Der Cimon della Pala wird auch als «Matterhorn der Dolomiten» bezeichnet.

Der Rollepaß. Dieser von lieblichen Matten überzogene und von der Pala-Gruppe beherrschte Paß, zweifellos eines der schönsten und großartigsten Dolomitenjoche, liegt inmitten einer berühmten Alpenlandschaft. Am Paß befinden sich gut eingerichtete Hotels, die vor allem von Wintersportlern viel besucht werden. Außerdem ist der Rollepaß ein bedeutender Ausgangspunkt zu Wanderungen und Hochtouren in die Pala-Gruppe.

Blick aus der Nähe des San-Pellegrino-Passes auf die Pala-Gruppe (oben).

Die Pala-Gruppe, im Vordergrund die schlanke Pyramide des Cimone.

30
31
Die Baita Segantini, eine vielbesuchte Dolomitenhütte, erhebt sich vor dem Cimone und der Vezzana.

Der Travignolo-Gletscher. 32

33
34
Die kühnen Focobon-Türme mit dem
Passo delle Farangole.

Ankunft an der Biwakhütte «Fiamme
Gialle» auf dem Cimon della Pala.
35

36

Vom Passo di Roda aus bietet sich
eine ungewohnte Ansicht von Cimon della Pala, Cima Vezzana, Croda delle Pale, Cima Corona und Den-
te del Cimone.

38

Der Cimon della Pala und die Cima
Vezzana ragen majestätisch gegen
den Himmel auf.

Am Fuß der Pala-Gruppe ziehen
sich dichte Nadelwälder hin.

Mächtig und streng wirkt die Pala di
San Martino.

37

39

Latemar - Rosengarten - Schlern

Das weite, grüne Fleimstal bildet das wichtigste «Tor», das aus dem Trentino in dieses faszinierende Felsenreich führt. Im Talgrund, der von Wäldern und Weiden bedeckt ist und sich in rund 1000 m Höhe hinzieht, reihen sich liebliche Dörfer aneinander. Cavalese ist der Hauptort der Fleimser Talgemeinschaft, die – im Zuge einer noblen Tradition – heute im Sommer wie im Winter ein ideales Urlaubsgebiet darstellt. Berühmt ist auch Predazzo, das sich durch die geologische Zusammensetzung der Umgebung und den Mineralienreichtum weltweiten Ruf als großes naturwissenschaftliches «Museum im Freien» erworben hat. All diese Orte, die sich durch eine persönliche Note auszeichnen, ermöglichen einen raschen Kontakt zu der Felsenwelt, von der das Tal ringsum eingeschlossen wird.

Als erste Dolomitengruppe fällt hier der Latemar auf, der ein äußerst abwechslungsreiches Aussehen hat. Wie fast alle Dolomitenmassive hat auch er zwei völlig unterschiedliche Gesichter: Während er auf der Ostseite sanft und leicht zugänglich ist, ragt er im Westen mit betürmten, steilen, von senkrechten Rinnen durchzogenen Wänden auf, die ihm ein wildes, doch zugleich auch elegantes Aussehen verleihen. Von einigen leichten und lohnenden Zugängen abgesehen, wirkt der Latemar insgesamt abweisend und unzugänglich, und das brüchige Felsgestein hat Wanderer wie Bergsteiger immer etwas ferngehalten. Eine neu erbaute Schutzhütte, einige Biwakhütten und ein großartiger Klettersteig haben in letzter Zeit aber zahlreiche Besucher angezogen.

Der zentrale Teil der Latemargruppe besteht aus hohen Gipfeln, die durch scharfe, zerklüftete Grate miteinander verbunden sind und eine stark untergliederte Felsbastion bilden, die sich sichelförmig vom Karerpaß bis zur Erzlahnspitze hinzieht. Am Fuß dieser ein wenig abweisenden Berge liegt mitten unter dichten, dunklen Wäldern der klare, reizvolle Karersee, in dem sich die umliegenden Dolomitengipfel spiegeln. Die Natur hat hier ein Juwel geschaffen, das von Tausenden von Besuchern bewundert und besungen worden ist und heute zu den berühmtesten, klassischen Dolomitenbildern gehört. Der nahegelegene, sanfte Sattel des Karerpasses bildet einen lieblichen Kontrast zu den starren, erhabenen Felsgipfeln. Im Norden liegen den grauen Felspfeilern des Latemars die rötlichen Felsen der nackten, eindrucksvollen Rotwand gegenüber. Sie bilden die südlichen Ausläufer des Rosengartens, einer der bekanntesten und meistbesuchten Dolomitengruppen. Während der Karerpaß den Rosengarten im Süden abschließt, grenzt dieses Riff im Norden an die Seiser Alm, im Osten an das Fassatal und im Westen an das Tierser Tal. Der Name «Rosengarten», der auf eine uralte Dolomitensage zurückgeht, erweckt Träume und romantische Visionen, die von den realen Formen dieser faszinierenden Hochgebirgswelt noch bestärkt werden.

Mit einem Hauptgrat und langen, schmalen Ketten zieht sich der Rosengarten von Norden nach Süden hin. Höchster, mächtigster Gipfel ist mit 3004 m der Kesselkogel, von dem aus man einen weiten Ausblick sowohl auf die ganze Gruppe wie auch auf die überall am Horizont aufragenden Bergketten genießt. Noch schlanker und eleganter ist die 2981 m hohe Rosengartenspitze, die der ganzen Gruppe den Namen gibt und außerdem den nördlichen mit dem südlichen Teil des Massivs verkettet. Eine besonders starke Anziehungskraft üben die drei Vajolettürme aus: der Delago-, der Stabeler- und der Winklerturm, die in reinen, klaren Formen in einer wilden Berglandschaft aufragen. Doch neben diesen berühmten Gipfeln gibt es überall im Rosengarten noch fast unbekannte, einsame Gegenden mit Bergen, die bisher kaum einmal betreten worden sind. Ein Beispiel dafür sind die Dirupi di Larsec, die mit ihrer unregelmäßigen Felsgestalt reizvolle, wilde Landschaftsbilder ausmachen.

Der Rosengarten ist dank bequemer Zufahrtsstraßen leicht zugänglich und von allen Seiten her zu bewundern. Ein Meisterwerk der Straßenbaukunst ist die Große Dolomitenstraße, die von Bozen nach Cortina d'Ampezzo führt und von der aus man mehrere Zugänge zum Rosengarten hat. Ein außergewöhnlich dichtes Wegenetz und zahlreiche Schutzhütten bieten hervorragende Möglichkeiten zu Aufstiegen und Überquerungen. Bekanntester Zugang ist jedenfalls der 1949 m hoch gelegene, grüne Gardeccia-Talkessel, der im Herzen der Gruppe liegt und von der mächtigen Ostwand der Rosengartenspitze überragt wird. Ein Abglanz der Schönheit dieser Gruppe fällt auch auf das Fassatal zurück. Die Dörfer Campitello, Mazzin, Pera, Pozza, Vigo und Moena und andere, kleinere Orte können mit vorzüglichen touristischen Einrichtungen aufwarten und haben eine vielversprechende Zukunft vor sich.

Wegen seiner besonders eindrucksvollen Lage am Fuß mehrerer schlanker, hoch aufragender Felsberge wird der Ort Moena auch als «Fee der Dolomiten» bezeichnet. Auf der anderen Seite der Rosengartengruppe zieht sich die Tierser Alm mit mehreren kleinen, lieblichen Sommerfrischen hin, und sie verbindet den Rosengarten mit dem Schlern. Im Jahr 1974 ist dieses Gebiet in einen Naturschutzpark verwandelt worden, damit seine reichen Naturschönheiten erhalten bleiben. Auch seltene Tiere wie Gemsen und Steinadler haben in dieser großartigen Dolomitengegend ein ideales Habitat gefunden.

Der Schlern besteht aus einem stillen Hochplateau. Unter den hohen Wänden, die es umragen, fallen durch ihre ausgeprägte Gestalt die Santner- und die Euringerspitze auf. Kühne Formen hat auch die zerklüftete Kette der Roßzähne aufzuweisen, deren tonhaltiges Gestein eine rötliche Farbe hat. Den höchsten Punkt des Plateaus bildet der zentral gelegene Petz. Gut angelegte und klar markierte Wege geben dem Wanderer Gelegenheit, von diesem Aussichtsbalkon aus großartige Dolomitenpanoramen zu genießen. Wenn der Schlern sich an Höhe auch nicht mit anderen Dolomitenkolossen messen kann, so stellt er mit seiner noch urtümlichen Landschaft doch den wichtigen Bestandteil einer Gegend dar, die mit unvergleichlichen Felsformationen aufwarten kann.

Der bizarr geformte Latemar spiegelt sich im smaragdgrünen Karersee.

Von den grünen Hängen der umliegenden Berge aus wirkt der Latemar leicht und einladend, aber in
der Nähe erweist er sich dann als
unwegsam und schwierig. Doch
auch in das recht kahle und wilde
Innere dieser Gruppe kann man auf
einem interessanten, in jüngster Zeit
angelegten Klettersteig eindringen –
was die hier abgebildeten Fotos be-
weisen.

Das heitere, liebliche Fassatal wird
von mehreren großartigen Dolomitengruppen beherrscht, unter denen
der Rosengarten auffällt.

48

Zwei faszinierende Ansichten der Dirupi di Larsec.

49

Großartiges Panorama des mächtigen Dolomitenriffs des Rosengartens. Rechts die Vajolettürme.

5

Blick aus dem Tschamintal auf den
Rosengarten.

Die Vajolettürme. Diese kurze, kühne Felskette besteht aus einem nördlichen und einem südlichen Teil. Die berühmtesten der sechs Gipfel liegen im südlichen Teil, der auf den linken und auf dem nachstehenden Foto zu sehen ist. Diese drei «Schwestern», die sich durch ihre noble, unvergleichliche Gestalt auszeichnen, tragen die Namen der Erstbezwinger. Von links nach rechts sind es der Delagoturm, 2790 m, der Stabelerturm, 2805 m, und der Winklerturm, 2800 m.

56

Blick vom Kesselkogel auf den Antermojasee.

Von der Porte Negre aus gleicht der schlanke Winklerturm fast einer mächtigen Rakete.

Auf nebenstehender Seite oben die Valbonakogel mit dem Kesselkogel, der sich auf dem unteren Foto in seiner ganzen erhabenen Schönheit zeigt.

57

Blick vom Schlern auf den Rosengarten, der sich hier als riesiges, zerklüftetes Felsmassiv zeigt.

Die Gartl-Hütte vor der Laurinswand, die sich als eine Reihe schlanker Türme neben den Vajolettürmen erhebt.

Großartiger Ausblick auf Rosengartenspitze, Vajolettürme und Laurinswand.

Das steile Grasleitenkar, das die Grasleitenpaß-Hütte und die Grasleiten-Hütte miteinander verbindet.

Das Dorf Soraga mit dem Rosengarten.

Die bizarren Formen und der warme Farbton, der diese Felsgipfel besonders bei Sonnenuntergang überzieht, haben der Gruppe den Namen «Rosengarten» eingetragen. Die Bilder dieses Kapitels geben einen Eindruck von der unvergleichlichen Schönheit und Erhabenheit dieses Gebirges.

Blick von St. Zyprian auf den Rosengarten.

Das liebliche Moena dehnt sich in nächster Nähe der großen Dolomitenpässe in einem großartigen Talkessel aus, den die Felsgipfel von Rosengarten, Langkofel, Monzoni und Latemar umgeben.

Im Talkessel von Gardeccia und auf dem Hochplateau von Ciampedìe, zwei herrlichen Oasen der Natur, kommt der Besucher erstmals mit dem Rosengarten in Berührung. Mit ihrer Höhe von rund 2000 Metern sind sie günstige Ausgangspunkte zu erlebnisreichen Ausflügen und Touren durch den Rosengarten. Die aus dem Grün aufragenden Felsgipfel machen diese beiden Landschaften besonders anziehend.

68   Das Schlernmassiv mit der Santner-
und der Euringerspitze.

Die Schlernhäuser liegen nicht weit
vom Petz, dem höchsten Schlerngip-
fel, entfernt. Im Hintergrund der Rosengarten.

69

Langkofel - Sella

Es ist schwierig und zudem ungerecht, unter faszinierenden Bergen eine Rangliste aufzustellen. Doch diese beiden im Herzen der Dolomiten gelegenen Gruppen zeichnen sich sowohl durch ihre Großartigkeit als auch durch besonders schöne, noble Formen aus. Der Langkofel erhebt sich östlich der sanft gewellten Mattenböden der Seiseralm und über dem Fassa- und dem Grödner Tal. Da er keine ausgeprägten Ausläufer hat, wirkt er besonders kühn und majestätisch in seiner Gestalt. In der Form eines Hufeisens ragen seine Gipfel über einer abwechslungsreichen Landschaft zum blauen Himmel auf. Im Inneren umschließen hohe, abweisende Wände ein kahles, wildes Tal, das sich gegen die Seiser Alm öffnet. Bemerkenswert ist der Kontrast zwischen der relativ kleinen Fläche, die diese Gruppe einnimmt, und den mächtigen, steilen Felsriesen, aus denen sie besteht.

Den nördlichen Tragpfeiler der Gruppe bildet der 3181 m hohe Langkofel, ein mächtiger Felskoloß von rund 2000 Metern Länge und mit mehr als tausend Meter hohen Wänden. Dieser von Türmen und Spitznadeln umgebene Bergriese, der das Grödner Tal beherrscht, ist auch einer der klassischsten und großartigsten Dolomitengipfel. Dem Langkofel schließen sich im zentralen Teil der Gruppe einige etwas bescheidenere Gipfel an. Die kühne, 2996 m hohe Fünffingerspitze endet mit einem zerklüfteten, stark untergliederten Grat. Vom Sellajoch aus gesehen gleicht sie wirklich einer geöffneten rechten Hand, deren fünf Finger deutlich zu erkennen sind. Von Norden her dagegen wirkt sie wie eine große, von Filialen und Spitznadeln durchsetzte Kathedrale. Neben ihr erhebt sich die mächtige Grohmannspitze, 3126 m, eine schöne Bergpyramide, die sich mit hohen Wänden gegen das Fassatal vorschiebt. Weit weniger bekannt ist trotz seiner 3098 m Höhe der Innerkoflerturm, der oft mit der mächtigen Grohmannspitze verwechselt wird. Im Inneren weist dieser Gipfel mehrere Rinnen und vereiste Kamine auf, an denen viele Bergsteiger ihr Können messen. Unter alpinistischem Gesichtspunkt der interessanteste Berg dieser Gruppe ist zweifellos der 3001 m hohe Zahnkofel, der nach allen Seiten hin mit scharfen Kanten und steilen Wänden abfällt.

Diese Eigenschaften machen den Lankofel zur bergsteigerisch anspruchsvollsten Dolomitengruppe. Doch in diesem wahren Reich der Kletterer kommen auch die Wanderer auf ihre Kosten.

Westlich dieser großen Felsarena ragt das Plattkofelmassiv auf, das sich gegen Westen mit einer weiten Geröllflanke neigt, während es auf den anderen Seiten steil abfällt. Vom Plattkofelgipfel aus kann man eine Felsenwelt überschauen, in deren strengem Milieu es nur wenige leichte Anstiege gibt. Auf dem Friedrich-August-Weg kann man die gesamte Langkofelgruppe in etwa fünf Stunden umwandern, wobei man nicht nur einige der Geheimnisse dieses Massivs entdeckt, sondern auch großartige, weite Ausblicke auf die benachbarten Dolomitengruppen Sella, Marmolata, Rosengarten, Geisler- und Puezgruppe genießt. Ein vorzüglicher Stützpunkt für diese Hochgebirgswanderung sind die Plattkofel- und die Comici-Hütte, während die Langkofel- und die Toni-Demetz-Hütte bei Wanderungen und Klettereien im Inneren der Gruppe dienen.

Gleich neben dem Langkofel liegt jenseits des Sellajochs der Felskoloß der Sellagruppe, eine riesige Felsburg, um deren Fuß sich mit grünen Wiesen und Matten vier wunderschöne Täler ziehen: das Fassatal, das Grödner Tal, das Abteital und Buchenstein. Rund um die Sella führen auch vielbefahrene Straßen, die das Grödner Joch, das Sellajoch, das Pordoijoch und den Campolungo-Sattel berühren und dabei herrliche Ausblicke auf die aus dunklen Wäldern aufragenden, senkrechten Wände bieten. Die Gestalt der Sellagruppe wird von hohen Außenwänden bestimmt, von einem ausgedehnten Hochplateau im Inneren und von einem breiten Felsband, das sich auf halber Höhe rund um dieses Dolomitenmassiv zieht. Es gleicht somit einer riesenhaften, unbezwingbaren Festung, die ihre Schätze und Schönheiten im Inneren vor Eindringlingen schützen will. Das kahle, öde Hochplateau dagegen gipfelt im mächtigen, 3151 m hohen Piz Boè, dem höchsten und am bequemsten zugänglichen Berg der gesamten Gruppe. Von seinem Gipfel aus genießt man eines der großartigsten Dolomitenpanoramen, mit der gleißenden Marmolata im Vordergrund. Zahlreiche Ausflügler fahren mit der Seilbahn zur großartigen, in fast 3000 m Höhe gelegenen Terrasse der Pordoispitze auf. Während man von diesen beiden berühmten, vielbesuchten Aussichtspunkten die anderen Berge der Sellagruppe überblicken kann, eröffnen die tiefer gelegenen Joche und Pässe reizvolle Einblicke in die Felsenwelt der Türme, der Spitznadeln und der riesigen Wände.

Die Pordoispitze steigt mit glatten, senkrechten Wänden über dem Pordoijoch auf, während aus den grünen Matten am Sellajoch drei kühne, elegante Spitzsäulen aufragen: Es sind die von der übrigen Gruppe leicht abgesetzten Sellatürme, die eines der klassischen Dolomitenbilder darstellen. Am Grödner Joch zeigt sich die Sellagruppe mit kühnen, fast drohenden Nordwänden. Besonders auffallend ist die Große Murfreitspitze mit dem Murfreitturm. Die Sellagruppe bietet die Möglichkeit zu reizvollen und interessanten Hochgebirgstouren.

Großartige Täler führen zwischen mächtigen Wänden in das Gebiet des weiten Gipfelplateaus. Wichtige Ausgangspunkte für unvergeßliche Wanderungen und Kletterein sind das Sellajoch-Haus, die Pisciaduseehütte, die Boé-Hütte, die Pordoi-Scharten-Hütte, die Capanna Piz Fassa und die Vallon-Hütte. Da die Langkofel- und die Sellagruppe besonders auf zwei herrliche Täler starke Anziehungskraft ausüben, werden sie oft als «Grödner und Fassaner Dolomiten» bezeichnet.

Im vielgerühmten, regen Grödner Tal liegen liebliche Ortschaften, unter denen als Fremdenverkehrsorte von weitem Ruf vor allem St. Ulrich, St. Christina und Wolkenstein zu erwähnen sind. Vorzügliche Hotelbetriebe, Sportanlagen, Skipisten und Bergbahnen sind hier Garantie für einen abwechslungsreichen, erholsamen Aufenthalt. Auch das auf der anderen Seite der Sella gelegene Fassatal kann mit einer ausgeklügelten touristischen Organisation aufwarten. Neben Moena ist hier Canazei der namhafteste Fremdenverkehrsort. Die Naturschönheit dieser Landschaft, die geologischen Besonderheiten und die überlieferte Folklore üben zu jeder Jahreszeit einen großen Reiz auf Besucher aus aller Welt aus.

Drei großartige Ausblicke auf den
Langkofel, der das Grödner Tal beherrscht.

73   Blick vom Gipfel der Großen Cirspitze auf das grüne, liebliche Grödner Tal.

Die schöne Pyramide der Grohmannspitze neben dem zerklüfteten Felsbau der Fünffingerspitze. Rechts auf der Langkofelscharte die Toni-Demetz-Hütte.

74

Zwei klassische Ansichten des majestätischen, erhabenen Langkofels.
Das Foto oben zeigt ihn vom Sellajoch aus, das Foto unten von der
Pordoijoch-Straße.

Von den umliegenden Almen aus wirkt der Langkofel besonders kühn und mächtig.

Eines der klassischen Dolomitenbilder: Über dem Sellajoch ragt der Langkofel als riesiger, mehr als 1000 m hoher Felsen auf.

80

Dem Langkofel gegenüber erheben sich die drei kühnen Sellatürme, die vom Sellastock getrennt sind und zu-

sammen mit dem Piz Ciavazes den westlichen Teil dieses Massivs aus- machen.

81

82

Eine schöne, ungewohnte Ansicht der Sellagruppe. Aus diesem festungsartigen Massiv ragt als höchster Gipfel die Pyramide des Piz Boé auf.

Auf S. 72 sind zwei Felskolosse der Sellagruppe abgebildet. Die Pordoispitze wendet sich mit einer schönen Wand dem gleichnamigen Joch zu. Von hier aus führt eine Seilbahn auf das Gipfelplateau, das einen großartigen Aussichtsbalkon darstellt (Foto oben).

Das Gebiet um die Pisciadusee-Hütte wird vom Pisciadù beherrscht, der durch seine Größe und seine originelle Gestalt auffällt (Foto unten).

Der Exnerturm am Masores-Hochplateau. Diese Hochebene, auf der sich die Pisciadusee-Hütte erhebt, wird vom Klettersteig «Brigata Tridentina» berührt, der nahe des Pisciadù-Wasserfalls einen Felsabsatz überwindet. Im oberen Teil des großen Risses befindet sich eine eindrucksvolle Brücke, die als Endstück des Klettersteigs den Exnerturm mit dem Hochplateau verbindet.

Geislergruppe - Puezgruppe - Sassongher

Die Geisler- und die Puezgruppe sowie der Sassongher fallen in den nördlichen Dolomiten auf, und sie werden vom bekannten, schönen Grödner Tal, vom bedeutenden Eisacktal und vom charakteristischen Abteital begrenzt. Parallel zum Grödner Tal zieht sich weiter nördlich das malerische Villnösser Tal mit seinen kleinen Dörfern hin. Das anfangs klammartig enge Villnösser Tal öffnet sich allmählich mit weiten Tannenwäldern und grünen Matten, die eine ideale Erholungslandschaft darstellen. Darüber ragen die Geislerspitzen auf, und sie bilden den reizvollen Hintergrund von Blicken auf Ortschaften wie St. Peter und St. Magdalena. Diese Fremdenverkehrsorte dienen heute als günstige Ausgangspunkte zu Aufstiegen zur Brogles-Alm und zur Peitlerkofel-Hütte, von denen aus sich liebliche Bergpanoramen bieten. Die Geislergruppe kann auf dieser Seite mit schlanken Türmen, scharfen Kanten und

Wolkenstein im grünen Grödner Tal.

spitzen Nadeln aufwarten, die immer wieder neue Bilder eröffnen. Hauptgipfel dieser Gruppe sind die mit 3025 m gleich hohen Sass Rigais und Furchetta. Durch die Wände des Sass Rigais führen zwei Klettersteige, die auch dem Durchschnittswanderer Gelegenheit geben, den Gipfel zu erreichen, um von hier ein faszinierendes Panorama zu genießen. Die Steilwände der Furchetta dagegen sind den besten Alpinisten der Welt vorbehalten.

Vom Grödner Tal aus sind die Geislerspitzen nicht unmittelbar sichtbar, da sich ihr andere Bergkolosse vorschieben. Doch sobald man etwas die Hänge ansteigt, tritt einem die Geislergruppe als phantastische, zersetzte Felsenwelt vor Augen, die sich von allen umliegende Gruppen unterscheidet.

Von den bekannten Fremdenverkehrsorten St. Ulrich, St. Christina und Wolkenstein aus führen Wanderwege und Bergbahnen zu großartigen Aussichtspunkten wie dem Col Raiser, der Seceda und der Tschisles-Alm. Das Grün der Matten und die kleinen, verstreut gelegenen Schwaigen versetzen uns hier in eine Welt zurück, die wir schon längst vergangen glaubten. Die Geisler-, die Fermeda- und die Seceda-Hütte bieten hier auch dem Wanderer zahllose Möglichkeiten, je nach Neigung und Können in das Herz dieser Dolomitengruppe einzudringen.

Andere Formen und Strukturen kennzeichnen die benachbarte Puez-Gruppe, ein ausgedehntes Hochplateau mit einer bewegten, kahlen Oberfläche. Im Nordwesten ragen der Piz Duleda und die Puez-Spitzen auf, die durch ihre wilden, nackten Wände auffallen. Mit ihren rund 2900 Metern sind sie die höchsten Berge der gesamten Gruppe. Diese kahlen Felsen und die in einer kleinen Mulde am Fuß der Hauptgipfel gelegene Puez-Hütte bieten gute Möglichkeiten zu leichten Gipfeltouren und langen Durchquerungen und Gebirgswanderungen. Von landschaftlichem wie von bergsteigerischem Interesse sind die nackten Felswände, die die Puez-Hochfläche umgeben.

Im Südwesten umschließen die herben Felswände des Montischella das Langtal, dessen ursprüngliche Landschaft von weidenden Viehherden belebt wird.

Über dem oberen Grödner Tal und dem Grödner Joch ragen majestätisch die Cir-Spitzen auf, eine stark zerklüftete Felskette, deren Türme und Spitzen ein Reich der Kletterer sind. Die tiefer gelegenen Wiesen und Matten dagegen laden zu geruhsamen Wanderungen ein. Am Südrand der Puez-Gruppe ragt über dem Talkessel von Corvara der elegante Sassongher mit seinen 2665 m Höhe auf. Vom Gipfel dieses eleganten Bergs aus sind die mächtigsten Dolomitenkolosse zu sehen, vom Pelmo zum Antelao, von der Civetta

zur Marmolata, von der Sella zum Langkofel.
Die Natur scheint hier mit diesem großartigen Berg eine faszinierende Felsenwelt würdig abschließen zu wollen. Das liebliche Abteital,
das hier beginnt, wartet mit gut ausgestatteten Fremdenverkehrsorten auf, die in eine Dolomitenlandschaft von einzigartiger Schönheit
eingebettet liegen.

90

91

Besser als mit diesen drei Aufnah-
men kann die suggestive Schönheit

der Geislerspitzen auch mit Worten
nicht beschrieben werden.

9

93
94

Drei stimmungsvolle Fotos von der
wilden Felswelt der Puez-Gruppe.

Blick vom Grödner Joch auf die zerklüfteten, kühnen Cirspitzen.

Blick vom Grödner Joch auf die Große Cirspitze.

Das grüne *Abteital,* in dem noch ladinische Traditionen lebendig sind, ist von zahlreichen herrlichen Dolomitengruppen umgeben, und es bildet die Grenze zwischen den Westlichen und den Östlichen Dolomiten.

Unter den großartigen Felsgipfeln fällt der strenge Sassongher auf (Foto oben). Ihm zu Füßen dehnt sich der liebliche Talkessel von Corvara und Colfuschg aus (Foto rechts).

Marmolata

Die großartige Gestalt, die ausgedehnten Gletscherflächen und die würdevolle Schönheit machen die Marmolata zur «Königin der Dolomiten», und oft ist sie auch als «perfekter Berg» bezeichnet worden. Die trapezförmige Marmolata-Gruppe, die außer dem Hauptgipfel auch mehrere Massive und Ketten umfaßt, liegt im Herzen des gesamten Dolomitengebiets. Sie wird im Westen vom Ort Moena begrenzt, im Norden von Fassatal, Pordoijoch und Buchenstein, im Osten vom Cordevole-Tal und im Süden vom Bois-Tal und vom San-Pellegrino-Paß.

Die zwischen dem Fedajapaß und dem einsamen Ombrettatal gelegene Marmolata, die von den beiden Vernel-Gipfeln und den Cime Serauta flankiert wird, hat zwei völlig unterschiedliche Gesichter. Im Norden senkt sie sich mit mächtigen, gletscherbedeckten Hängen, die teils sanft geneigt sind, teils gefährliche Spalten aufweisen, gegen den großen Fedajasee. Im Süden dagegen fällt sie mit einer riesenhaften Dolomitwand, die 600 m hoch und schwindelerregend aufragt, gegen die Geröllhalden des Ombrettatals ab. Ihre geographische Lage und die geschichtlichen Ereignisse haben die Marmolata im Laufe der Jahrhunderte zu einem Schnittpunkt unterschiedlicher Kulturen gemacht. Doch die Trentiner, die Tiroler und die venetische Bevölkerung, die die Täler an ihrem Fuß bewohnen, finden in den Überlieferungen der ladinischen Kultur und Sprache ein einendes Element.

Mit ihren 3342 m ist die Punta Penìa der höchste Dolomitengipfel und eines der auffallendsten Elemente der gesamten Marmolata-Gruppe. Von ihrem Gipfel herab umfaßt der Blick außer lieblichen, grünen Tälern auch die schönen Berge der anderen Dolomitengruppen. Moderne Bergbahnen führen bis in große Höhen, sodaß sich diese Bergwelt nicht nur dem Kletterer, sondern auch dem Ausflügler und dem Wanderer in ihrer ganzen unvergleichlichen Schönheit erschließt. Die Gletscher machen die Marmolata auch zu einem weltberühmten Skizentrum, sodaß hier jeder Besucher auf seine Kosten kommt.

102   Blick vom Costabella-Kamm auf das   104
103   Marmolata-Massiv.   Der Fedajasee.   105

Seilschaft beim Begehen eines schwierigen Teils des Marmolatagletschers, der viele Spalten aufweist.

Der Marmolatagletscher ist der größte und berühmteste der Dolomiten. Er dehnt sich mit rund vier Kilometern Länge und anderthalb Kilometern Breite auf der Nordseite der Marmolata aus. Bemerkenswert ist die Tatsache, daß er besonders in jüngster Zeit beträchtlich zurückgegangen ist. Auf den freigelegten Felsen werden die Spuren der jahrtausendelangen Erosionstätigkeit der Eismasse sichtbar.

Der Marmolatagletscher in zwei Ansichten.

SEXTENER DOLOMITEN

Die Sextener Dolomiten, die sich am Nordostrand des Dolomitengebiets erheben, werden von Gebirgstälern und bedeutenden Ver-
kehrsverbindungen abgeschlossen. Während sie sich nach außen
klar begrenzt zeigen, weisen sie in ihrem Inneren eine vielfältige,
abwechslungsreiche Felsenlandschaft auf. Die Wände ragen hier
majestätisch, dort bescheiden und in unterschiedlichen Farbtönen
aus weißlichen Geröllhalden auf.
Die Sextener Dolomiten werden im Norden vom Pustertal zwischen
Innichen und Toblach begrenzt, im Süden vom gewundenen, waldi-
gen Ansiei-Tal, das sich von Misurina aus nach Auronzo di Cadore
hinzieht. Im Osten öffnet sich die grüne Landschaft des Comelico
mit dem Sextener Tal, im Westen verbindet das tief eingeschnitte-
ne Höhlensteintal Toblach mit Misurina.
Schon von den Tälern aus wird man von dem Reiz eingefangen,
den diese herrliche Gebirgsgruppe ausstrahlt. Wenn man sich den

Blick vom Sellajoch gegen Alba di
Canazei und die Cima-Uomo-Kette.

Sextener Dolomiten dann nähert, sieht man sich in einer Felsen-welt von immer neuen Formen und unterschiedlichen Farben, in einer Natur von großartiger, fesselnder Stille.

Als erste waren wahrscheinlich Jäger, Bergsteiger und Bergführer aus Sexten auf diese Berge gestiegen, die man in acht Untergrup-pen unterteilen kann: Dreischuster-Spitze, Birkenkofel-Schwalbenko-fel, Cadini, Drei Zinnen, Paternkofel, Zwölferkofel, Hochbrunner Schneid und Cima d'Ambata.

In einigen dieser Gegenden bieten Klettersteige Gelegenheit zu Hochgebirgstouren von großem Interesse, so zum Beispiel die nun-mehr berühmte «Alpini-Straße» an der Hochbrunner Schneid und der Tunnelweg am Paternkofel. Diese beiden Touren sind unter landschaftlichem Gesichtspunkt hochinteressant; darüber hinaus sind sie auch von geschichtlicher Bedeutung, denn sie sind aus Wehrgängen, Tunnels und anderen tristen Erbschaften des Ersten Weltkriegs hervorgegangen. In anderen Gegenden üben die wilde Landschaft oder mächtige Bergriesen einen unwiderstehlichen Reiz aus. Die Cadini-Gruppe dagegen zeichnet sich durch vielerlei Spitz-säulen, Türme und zerklüftete Grate aus, zwischen denen offene, liebliche Täler eindringen. Wie von einem erhabenen Geheimnis sind andere Gipfel umgeben, so die Dreischuster-Spitze, die in ihrer Strenge nur geübten Hochtouristen und Kletterern zugänglich ist. Auch wenig geübte Wanderer können sich dagegen den Drei Zin-nen nähern, einem der Juwele der Sextener Dolomiten wie der Do-lomiten überhaupt. Die kühnen Formen und die außergewöhnlich schöne, elegante Gestalt haben diese «steinerne Trinität» berühmt gemacht, die kein Dolomitenbesucher versäumen sollte.

Bei Sonnenuntergang flammen in den gelb gefleckten, nackten Fels-wänden flammend rote Lichter auf, die aus der zunehmenden Däm-merung aufleuchten. Die zahlreichen Schutzhütten der Sextener Dolomiten sind auf guten Wegen bequem zu erreichen. Bei einer der faszinierendsten Dolomitentouren, einem Rundgang um die Drei Zinnen, kann man die Auronzo-Hütte, die Lavaredo-Hütte und die Drei-Zinnen-Hütte berühren. Bei einer Tour um den Zwölferkofel dienen die Zsigmondy-Comici- und die Carducci-Hütte als wertvol-ler Stüzpunkt. An der schon erwähnten «Alpini-Straße» liegt dage-gen die Antonio-Berti-Hütte. Wenn die Hütten manchmal auch dicht beieinander liegen, so kann man hier doch erlebnisreiche Überque-rungen unternehmen, denn zwischen den einzelnen Hütten sind immer wieder alpinistisch anspruchsvolle Strecken anzutreffen.

Doch auch von außen her ist diese Landschaft schon faszinierend genug. Während die Drei Zinnen im Norden mit glatten, fast atem-beraubend schönen Wänden aufragen, spiegeln sie sich auf der

Südseite im berühmten Misurinasee. Der gleichnamige, berühmte Fremdenverkehrsort an seinem Ufer stellt geradezu eine Pflichtetappe einer Dolomitenfahrt dar, denn er gehört wirklich zu den bezauberndsten Dolomitenzentren. Aber er ist nicht nur Sommerfrische und Wintersportort, sondern auch ein vorzüglicher Ausgangspunkt zu Touren in die umliegenden Dolomitengruppen. Von Misurina aus führt eine Fahrstraße am Fuß der Drei Zinnen entlang bis zur Auronzo-Hütte. Auch der bequemste Besucher hat hier Gelegenheit, diese faszinierenden Felsen aus allernächster Nähe zu bewundern.

Klassische Ansicht der Drei Zinnen mit dem Paternkofel und der Drei-Zinnen-Hütte.

111 Die mächtigen Südwände der Drei Zinnen.

Blick vom D'Antorno-See aus gegen die drei Zinnen.

112

Die Drei Zinnen. Diese riesigen Pyramiden, die aus einem kräftigen Felssockel aufragen, bilden die weltberühmte «Trinität» der Dolomiten. Die Pfeiler scheinen von einer übermächtigen Hand geschaffen worden zu sein, und sie sind tatsächlich das Ergebnis einer riesigen senkrechten Spaltung und der nachfolgenden Erosion. Die Natur hat somit ein Landschaftsbild von unvergleichlicher Faszination geformt. Seit undenklicher Zeit haben die Drei Zinnen große Anziehungskraft ausgeübt, und auch heute noch stellen sie eine der Hauptattraktionen der Sextener Dolomiten dar. Am schönsten und regelmäßigsten sind sie wohl von Norden her anzusehen. Von links die Kleine Zinne, 2857 m, die Große Zinne, 2999 m, und die Westliche Zinne, 2973 m (Foto oben).

Misurina und sein wunderschöner
See bilden eines der faszinierendsten Landschaftsbilder der Dolomiten. Der Fremdenverkehrsort Misurina ist ein idealer Ausgangspunkt für
Ausflüge, Hochtouren und Kletterei-
en in der umliegenden, großartigen
Hochgebirgswelt. In seinem rund
300 Meter breiten und ein Kilometer
langen See spiegeln sich majestätische Felskathedralen, besonders
die Sorapiss-Gruppe und die Drei
Zinnen. Östlich des Sees ziehen die
Cadini di Misurina den Blick an;
denn mit ihrem Wald aus Türmen
und Säulen bilden sie ein Paradies
für erfahrene Kletterer und Hochtouristen. Auf obenstehendem Foto der
Misurinasee mit dem Sorapiss.

Der Misurinasee mit den Nordwänden der Drei Zinnen.

AMPEZZANER DOLOMITEN

Ein lieblicher, grüner, weiter Talkessel, den bewundernswerte Berge umgeben, ist das Herz der Ampezzaner Dolomiten. Die kleinen Dörfer und Weiler, die in vergangenen Zeiten über den Talgrund verstreut lagen, sind jetzt größtenteils von Cortina d'Ampezzo einverleibt worden, das mit Recht als «Perle der Dolomiten» gilt.
Die natürliche Umwelt und das günstige Klima haben zum Entstehen eines der namhaftesten Luftkurorte des gesamten Alpenraums beigetragen. Cortina hat heute sportlich-touristische und Freizeiteinrichtungen aufzuweisen, die von herrlichen Skipisten und zahllosen Bergbahnen zu lebhaften Geschäften und mondänem Treiben reichen. Umsichtige Planung und gesunder Menschenverstand haben

hier glücklicherweise vermieden, daß mitten im Gebirge eine Stadt entstand. Der Besucher erlebt hier dagegen einen Ort, der auf das Engste mit der umliegenden Natur verbunden ist. Nur wenige hundert Meter vom Zentrum von Cortina entfernt kann man in der Architektur der kleinen, umliegenden Weiler noch unverfälschte Zeugen der Geschichte und der Traditionen der Ampezzaner Welt entdecken. Es sind dies die überlieferten Zeugen eines kleinen Reiches, das im Laufe der Jahrhunderte Künstler, Schriftsteller und tüchtige Handwerker hervorgebracht hat.

Die Berge, die dieses berühmte Fremdenverkehrszentrum umgeben, wirken trotz ihrer Nähe niemals erdrückend, sodaß von Cortina insgesamt eine wohltuende Harmonie ausgeht. Und liebliche Ausblicke bieten sich sowohl vom Talgrund aus wie auch von einer Weide oder einem Gipfel. Die grüne Umwelt hüllt hier überall schlanke Felstürme und steile Wände ein, die zum Himmel aufragen. Das Ampezzo-Tal schiebt sich gegen Norden zwischen dem Col Rosà und dem Pomagagnon vor, während weiter im Norden die Hohe Gaisl sichtbar wird. Im Nordosten ragt über dem Passo Tre Croci der mächtige Dolomitgipfel des Monte Cristallo auf, einer der fesselndsten Felsgiganten der Ampezzaner Dolomiten. Neben ihm scheint sich der Piz Popena bescheiden und geheimnisvoll zurückziehen zu wollen. Im Osten fallen die Faloria-Gipfel, die hervorragende Aussichtspunkte darstellen, mit Felswänden und Wäldern gegen Cortina ab, während der Sorapiss wie ein mächtiger Wachtturm aufragt. Im Süden tritt der schnee- und eisbedeckte Antelao aus den Wolken hervor, mit seinen 3263 m der zweithöchste Berg der Dolomiten und der höchste der östlichen Dolomiten. Von Cortina aus gesehen hat er die Gestalt eines schlanken Blocks, von San Vito di Cadore dagegen wirkt er wie eine stark durchsetzte Felspyramide. Dem Antelao gegenüber beherrscht ein weiterer Bergriese das Boite-Tal und das Zoldano: Es ist der Monte Pelmo, der durch seine isolierte Lage noch viel faszinierender erscheint. Seine originelle Gestalt hat ihm den treffenden Beinamen «Thron der Götter» eingebracht. Westlich des Talkessels von Cortina steigen Berge wie der Becco di Mezzodì, die Croda da Lago, der Nuvolao und die kleinen, aber bemerkenswerten Cinque Torri gegen den Himmel an. Sie sind weniger großartig anzusehen, doch ihre Spitzsäulen, Türme und Pfeiler ziehen die Blicke unwiderstehlich an.

Diese zerklüftete Kette wird vom wald- und wiesenreichen Costeana-Tal begrenzt, das am Pocol vorbei gegen den Falzaregopaß ansteigt. Der Hügel von Pocol bietet Skiläufern wie Hochgebirgswanderern zahllose Möglichkeiten, die Schönheiten dieser Welt zu entdecken.

Nördlich des Costeana-Tals ragen aus einem einzigen Sockel die drei riesigen Tofane-Pyramiden auf, die in ihrer Großartigkeit zweifellos mit zum Weltruhm von Cortina beigetragen haben. Besonders auffallend und fesselnd ist die mit ihren 3225 m kleinste der Tofane-Schwestern, die Tofana di Rozes. In ihrer großartigen Gestalt und in den Spuren des Ersten Weltkriegs verschmelzen hier die Naturschönheit von heute und die triste Geschichte der Vergangenheit miteinander. Komplizierter in Aufbau und Gestalt sind die Tofana di Mezzo und die Terza Tofana, die auch schwerer zugänglich sind. Auf die Tofana di Mezzo führt allerdings eine «Pfeil des Himmels» genannte Seilbahn, die allen die Möglichkeit gibt, das faszinierende Panorama der Ostalpen zu genießen. Und beim Blick vom Gipfel der Tofana di Mezzo bis hin zu den grenzenlosen Horizonten wird einem erst recht bewußt, daß diese Welt um Cortina d'Ampezzo in ihrer erhabenen Schönheit niemals genug gepriesen werden kann. Hier werden in jedem Besucher starke Emotionen erweckt, und die bequemen Wege, die gastlichen Schutzhütten, die guten Straßen und die zahlreichen gemütlichen und bestens ausgestatteten Fremdenverkehrsorte helfen dem Gast, immer neue Reize zu entdecken.

Cortina d'Ampezzo.

117 Im majestätischen, strengen Reich der Fanis-Gruppe. 118

119

120

123
124 Die Tofane bilden ein natürliches Bollwerk,
das den Talkessel von Ampezzo überragt.

126 Blick von der Cantore-Hütte auf
127 den Monte Formin und den Pelmo.　　　Die eindrucksvollen Cinque Torri.

Wie ein mächtiger Götterthron beherrscht der Pelmo das Boite- und das Zoldo-Tal.

Einsam ragt der elegante Antelao auf, der höchste Gipfel der östlichen Dolomiten.

Die Cinque Torri von Westen.

Der Falzaregopaß, 2105 m, bildet einen bedeutenden Übergang zwischen dem Boite- und dem Cordevoletal, inmitten einer stimmungsvollen Hochgebirgslandschaft nicht weit von Cortina d'Ampezzo.

Das mächtige Civetta-Massiv erhebt sich zwischen dem Zoldo-Tal und dem Agordino (Cordevoletal). Seine Felswände haben seit jeher Kletterer aus aller Welt angezogen. Auf der nächsten Seite eine Seilschaft auf einem der schwierigen Klettersteige, die in dieser Gruppe angelegt worden sind und an die Begeher hohe Anforderungen stellen.

Sonnenuntergang in den Dolomiten. Die Nadelwälder werden immer dunkler, und auch die Luft und der Himmel nehmen eine andere Farbe an, als wollten sie vor Einbruch der Nacht die Landschaft noch einmal von ihrer schönsten, faszinierendsten Seite zeigen.

«Das Gebirge ist für alle da, nicht nur für die Bergsteiger: für diejenigen, die in seiner Stille Erholung suchen, ebenso wie für diejenigen, die sich bei Mühe und Anstrengung entspannen».

(Guido Rey)

135

«Im Gebirge findet ihr den Mut, um der Gefahr entgegen-
zutreten, aber ihr lernt dort auch Vorsicht und Umsicht,
um es ohne Schaden zu bezwingen. Ihr werdet mutig,
was nicht gleichbedeutend ist mit unvorsichtig. Von großem Wert ist ein Mensch, der das eigene Leben der Gefahr aussetzt, es aber mit vernünftiger Vorsicht tut».

(Quintino Sella)

DER VERLEGER DANKT DEN FOTOGRAFEN, DIE IHM FOTOS ZUR VERÖF-
FENTLICHUNG ZUR VERFÜGUNG GESTELLT HABEN

GIUSEPPE CIURLETTI: 1. Umschlagseite - 10 - 11 - 12 - 17 - 27 - 30 - 31 - 36 -
41 - 45 - 46 - 47 - 48 - 49 - 51 - 53 - 54 - 55 - 57 - 58 - 60 - 61 - 62 - 66 - 67 - 68 - 69 -
70 - 71 - 72 - 73 - 74 - 79 - 80 - 81 - 84 - 85 - 87 - 88 - 91 - 93 - 94 - 95 - 96 - 97 - 98 -
100 - 102 - 103 - 106

MARIO CORRADINI: 3 - 4 - 8 - 9 - 14 - 15 - 19 - 20 - 25 - 28 - 37 - 42 - 43 - 44 -
86 - 90 - 92 - 108

LUIGI ACLER: 32 - 63 - 75 - 109 - 117 - 118 - 119 - 120 - 122 - 123 - 124 - 126 -
128 - 129

PAOLO ACLER: 16 - 33 - 34 - 35 - 50 - 59 - 121

RENZO TONONI: 7 - 13 - 38 - 39 - 56 - 104 - 121

GRAZIELLA NARDELLI: 76 - 83 - 105 - 107 - 111 - 112 - 115 - 130

GIOACCHINO TODESCHINI: 114 - 127 - 131 - 132 - 133

GIOVANNI MAZZALAI: 2 - 24

LORENZA CAVEDEN: 113

MAURIZIO PRIGHEL: 125

MAURO PEDROTTI: 1

FOTO POVINELLI: 22

STEFANO ZARDINI: 40 - 110 - 116

Fotolithos: Artilitho - Trento

Fotosatz: Life - Trento

Druck: Printers s.r.l. - Trento